L'ÉCONOMIE DE L'AMOUR

Il a été tiré de cet ouvrage
25 exemplaires signés et numérotés, sur papier
impérial du Japon, au prix de **20** fr. l'un.

6225-86. — Corbeil. Typ. et stér. Crété.

Dr ARMSTRONG

L'ÉCONOMIE DE L'AMOUR

TRADUCTION

PAR UN BIBLIOPHILE FANTAISISTE

Illustrations de F. FAU

PARIS

LIBRAIRIE DES ÉCONOMISTES EN AMOUR

RUE DE L'ARBRE-SEC

1886

AVANT-PROPOS

A traduction que je donne ici du joli poème du docteur Armstrong : *l'Économie de l'Amour,* est la première qui ait paru en français. Il y a deux *imitations* en vers : l'une, en quatre chants, imprimée à Londres en 1776, in-4°, avec figures de Gibelin, réimprimée en 1799 avec un frontispice ; l'autre, en trois chants, publiée à Paris, en 1820, in-8°. Cette dernière, écrite d'une plume assez facile, nous offre une supercherie littéraire, un curieux exemple de plagiat ; son auteur, P. L... (rien du bibliophile Jacob), ne souffle mot d'Armstrong, son modèle ; il parle des vérités utiles, des sages leçons qu'il a renfermées dans *son* poème et nous annonce que, dans un siècle où l'on ne parle que d'économies, économie politique, économie rurale, etc., il a trouvé piquant et naturel d'écrire un traité d'*Économie des plaisirs de l'amour*. Il est difficile de trouver un plagiaire plus naïvement impudent ; dans un des rares passages où il ne traduit pas Armstrong, P. L..., pour allécher les lecteurs de 1820, se donne modestement pour un rival de Parny.

> Amant d'Éléonore, ô toi, nouveau Tibulle,
> Prête-moi tes pinceaux, seconde ton émule.

On ne pouvait escamoter Armstrong avec plus de désinvolture. Celui-ci était mort depuis une quarantaine d'années ; d'un caractère indolent et lunatique, il avait eu la réputation d'un habile praticien et d'un homme d'esprit. Il avait été médecin des armées et poète didactique ; le tout en amateur. Ses épîtres sur la *Bienveillance*, le *Goût*, son ode au *Mariage* ont de l'élégance, son poème sur l'*Art de conserver la santé* est classique ; mais il n'est pas défendu de donner la préférence à ce badinage, plein de chaleur et à la fois d'*humour*, qu'il a intitulé l'*Économie de l'Amour*. La pre-

mière édition de ce petit ouvrage parut en 1739 ;
l'auteur l'inséra encore, en le modifiant un peu,
dans ses *Œuvres mêlées*, publiées à Dublin en 1767 ;
puis, pris de scrupules, il le fit disparaître des
éditions suivantes, semblable à M. de Jouy, vieil-
lissant et devenu *hermite*, qui renia ce joli péché
de jeunesse qui s'appelle *la Galerie des femmes*.
· Estimant qu'un traducteur doit surtout ne pas
s'exposer à ce qu'on lui applique le célèbre jeu de
mots italien, j'ai suivi le texte anglais avec la plus
scrupuleuse exactitude. Je crains que ma méchante
prose ne paraisse bien sèche à côté du lyrisme
érotique des vers d'Armstrong : j'ai coupé les ailes
au médecin-poète écossais ; mais, à mon sens, une
traduction littérale pouvait seule donner l'idée du
galant poème, qui occupe une place enviable sur
le Parnasse médical, entre la *Syphilis* de Fracastor
et la *Lucinade* de Saccombe, et qui, malgré ses
infractions au *cant,* garde un culte profond pour
le *home* britannique.

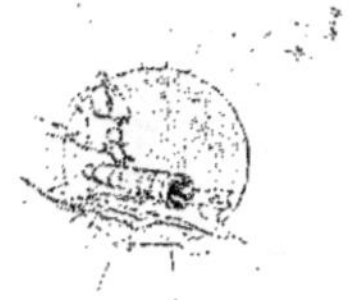

Insanire docet certa ratione modoque.
(Épigraphe de l'auteur.)

Je chante tes bienfaits, Amour, et la douce
extase où tu plonges deux êtres dignes d'être
étroitement unis ; je dirai comment rendre plus
parfaite la joie de nature, comment fuir le ser-
pent tapi sous les roses du bonheur. Que ton
divin sourire daigne, ô belle Cythérée, favoriser
cet essai ; tu n'es pas une des neuf Muses et pourtant les Muses t'accompagnent ; quoique vierges,
elles ne craignent pas de folâtrer dans ton es-
corte. Viens, et conduis-moi ton fils, l'aveugle

mais infaillible archer. Hymen, élève bien haut ton flambeau sacré ; je vais chanter tes louanges.

Jeunes hommes et jeunes filles, quand votre généreux sang s'est imprégné des ardeurs brûlantes de quinze étés, l'amour s'offre à vous ; vos sens perfectionnés s'éveillent et vous invitent à des plaisirs nouveaux ; c'est l'âge où, mordu par le désir, l'adolescent s'exalte et brise son indigne chaîne ; où la vierge plus mûre, plus timide aussi, trahit, par le trouble de son jeune sein, le feu secret qui la dévore.

Mais la Nature ne témoigne pas à tous ses fils une égale libéralité. Celui-ci, qu'anime une douce chaleur, s'achemine à pas sûrs vers son entier développement ; cet autre, à peine formé et comme engourdi, n'atteint que bien tard un simulacre de vie. Il en est qui sautent bottés sur un cheval et, prodige de l'instinct ! trouvent dans ce noble exercice la force de résister aux filles. C'est ainsi que, nous dit la Fable, Hercule sortit déjà fort de son berceau, tandis que les serpents (horrible engeance qui devait servir les affreux projets de Saturnia contre sa rivale) s'enroulaient en sifflant autour de lui : le puissant bambin saisit ses ennemis aux changeantes couleurs, les broya en souriant et les replongea dans l'enfer, leur vrai séjour ; un sang mêlé d'écume souilla les dalles du palais ; le héros préludait de bonne heure à ses futurs exploits. — Cependant d'autres naissent tard à l'amour ; il y a des hommes qui sentent à peine les premiers aiguillons de la chair, de pâles jeunes filles qui n'ont pas arrêté leur pensée sur l'autre sexe avant la vingtième année ; rien de mieux. Au reste, on doit tenir compte de la constitution physique, du climat, des habitudes de la vie ; voici des symptômes que je livre comme certains (1). Le jeune garçon est apte à lutter quand l'œuvre nocturne de l'imagination le jette dans les bras de la nymphe qu'il a souvent rêvé de posséder, et qu'au milieu des transports de ce doux tumulte, l'organe du plaisir s'enfle et répand de lui-même son trésor, doucement veiné d'azur. Oh ! n'envie pas la jouissance réelle si ces songes heureux visitent ton sommeil ; jamais la volupté, avec son cortège de sensations que rien n'émousse, que rien ne distrait, n'ébranle aussi délicieusement le cerveau. La jeune fille réclame les faveurs de Vénus, quand les deux moitiés de son sein s'agitent sous la sève qui les gonfle et irritent le désir, baignées d'une douce moiteur qui vient de leur plantureux développement, mais qui va se répandre sans profit pour l'économie physique ; car voici que

de nouvelles artères ont absorbé tout le sang que
le cœur continuait à épancher, et qu'à présent,
pleinement rassasiées, elles ne demandent plus que
de quoi réparer leurs pertes de chaque jour. Et
pourtant il faut qu'il y ait perte ; l'épargne n'aura
pas la garde de toutes ces richesses. Bientôt une
rosée de sang filtre par maint ruisselet de la grotte
d'amour, effrayant la vierge naïve, qui laisse ce feu
caché lui causer, en la brûlant, de mortelles angoisses, jusqu'à ce que la nécessité sans vergogne
triomphe du vain entêtement de sa pudeur, et la
conduit devant sa nourrice, bien versée dans ces
délicats mystères, thème favori des repas de
baptême (de tels propos circulent à l'heure où,
déjà prises de vin, les lourdes matrones continuent, près du feu de la mi-nuit, de se livrer à
l'orgie, où la gaieté sans voiles devient licence,
et, allumant son flambeau à la coupe où flambe
le punch épicé, répand un vrai délire dans le sein
de ses fidèles).

La sibylle aux sages avis a résolu le cas et levé
tous les doutes. C'est alors aussi qu'un léger duvet
commence à ombrager les bornes consacrées du
domaine béni de Vénus ; ce symptôme est com-
mun aux deux sexes. Maintenant que de part et
d'autre les champions sont prêts à entrer en lice,

la pré-
voyante
Nature
a éten-
du sur eux cette
moelleuse ar-
mure, qui seule,
dans la mêlée,
préserve les ten-
dres organes de
toute blessure.
Ainsi cui-

rassés, ils
vont combattre
en sûreté, ils n'auront rien à
craindre des rencontres que
leur ménagent bien des jours
de luttes acharnées.

Mais, si tu as déjà le souci

de la postérité, si le nom de père te séduit, si tu as l'ambition de contempler une heureuse lignée se pressant autour de la table de famille, évite, jeune homme, les doux embrassements qui énervent, jusqu'à ce que vingt années au moins t'aient fait des muscles d'acier, et laisse le saint mariage légitimer ton bonheur. Loin de moi certes de te conseiller une abstinence entière qui tarirait sans doute la source du bonheur, si longtemps délaissée, et finirait par détruire en toi, à force de la refroidir, la vertu prolifique. En revanche, je ne te blâme pas de faire des excès de baisers, repas délicieux! délices divines! Que ta main se pose tour à tour sur une douce main, ou, avec une volupté mêlée de regret, sur le sein qui se soulève amoureusement sous ton étreinte. Et toi, belle vierge, ne crains pas d'être la complice de ton amant, dont les désirs discrets se bornent à ces faveurs. Quelles ivresses tu peux ainsi espérer dans l'avenir! je le vois devenu ton mari : sa passion s'exalte, des élans convulsifs en attestent l'ardeur, il répand à profusion le trésor qu'ont préparé des années d'amour et qui semble l'inépuisable bénédiction de tes nuits nuptiales!

(2) Mais, ô mon fils, soit que la généreuse ambition

de fonder et d'élever une famille, soit que le goût
de l'amoureuse et douce lutte aient plus de charmes
pour toi, renonce au vice des moines cloîtrés, première flétrissure de la virilité naissante. Bannis
de ta retraite cette joie lâche, égoïste, solitaire ;
écarte, parricide, ta main criminelle ! Est-ce pour
toi seul que la Nature t'a formé ? pour ta mes-
quine personne, qu'elle t'a doué des organes de
la volupté ? Sont-ce là tes rêves ? Et ne crois pas
que, pour toi-même, tu aies trouvé la vraie route
du plaisir : ce qu'il y a de plus raffiné dans les
sens n'est pleinement satisfait que quand deux
âmes, se répondant et s'appelant, se confondent
dans le transport du bonheur. Arrête, te dis je !
crains qu'une honteuse insensibilité ne glace tes
membres, ne les frappe de torpeur ; tu t'épuiseras
alors en efforts superflus pour stimuler tes sens,
tu maudiras trop tard la maladroite impudicité
d'autrefois. Garde-toi, impie, de mentir à cette
parole solennelle : *Croissez et multipliez*, de gas-
piller à l'écart la fleur de ta jeunesse, d'étouffer
dans son germe, de jeter au vent ta postérité à
venir. Impurs ébats ! — (3) Ah ! bien plutôt, malgré
les séditions qu'y trame souvent un chef factieux,
cours à ces infâmes maisons de bains, à ces ta-
vernes où s'accomplissent de nuit les rites de Vé-

nus, loin de l'œil du magistrat, loin de la lumière du ciel (ne nous dit-on pas qu'autrefois les saints grossiers du pays de Galles cherchaient l'ombre propice d'une grotte, d'une caverne, d'une grange bien sûre, pour y célébrer leur sabbat défendu?). — Oui, visite plutôt ces repaires de la lubricité publique; et pourtant, que de malheurs t'y menacent! Ta bourse, le bijou dont tu es fier, qui pare ton doigt enrichi des dépouilles du Mexique, du Pérou ou de l'Inde lointaine, la montre qui compte les heures sont souvent la proie du vol et sombrent au fond de l'antre malsain (4). Souvent aussi, pour faire échec à la virilité déjà ralentie, voici que, sur le théâtre même de tes exploits amoureux, se rue mal à propos un être plein d'insolente fureur, qui vient arracher de tes bras l'épouse passive de toute la ville. Il a soif d'or; les paroles, le vin même, ce puissant agent de séduction, ne l'apaiseront pas; c'est ton or qui doit payer la violation de la couche banale, ou bien c'est le fer qui, dans une lutte inégale, attestera la vigueur de ton bras. — Si encore ce devait être là le terme de tes maux!... d'autres plus cruels les suivront peut-être, dont la liste est longue, dont le nom même fait horreur. Telles furent les calamités qui désolèrent jadis l'homme déchu de la

faveur divine, par l'excès d'une débauche qui ne
respecta aucune des belles vierges de Jérusalem;
que dis-je? il porta ses impudiques ardeurs jusque
dans le lit nuptial, en séduisant la femme d'Urias,
et sa lubricité ne recula même pas devant le
meurtre. Il s'attira ainsi la colère du Ciel justicier,
qui l'accabla longtemps d'amères tortures, et rem-
plit ses reins d'angoisses : tout le jour, il hurla de
douleur ; toute l'interminable nuit, il mouilla sa
couche de larmes ; et ses gémissements semblaient
une douce musique dans le chœur sacré. Quelles
misères, quels supplices il endura ! Mais aujour-
d'hui, la rancune du Ciel s'est accrue, le châtiment
s'est fait plus sévère contre les pécheurs modernes;
le mal, noté d'infamie, ronge le nez de la victime,
dont la chute affreusement grotesque couvre de
ruines hideuses la face que Dieu fit à son image.
Il est vrai que l'art ingénieux de Taliacotius, subs-
tituant à l'organe malade un nez pris à un porte-
faix ou taillé dans les parties les plus charnues d'un
tisserand, réussit souvent à réparer l'accident.
Qu'on ne s'y fie pas cependant : par l'effet d'une
pieuse sympathie, le nez d'emprunt ne peut tenir
en place aussitôt que la mort a réclamé la chair
d'où il est sorti (5).

Tels sont les maux qu'entraîne l'impur contact

des prostituées. Plus sage, tu trouveras une douce
nymphe que la tendre sympathie attire vers toi :
tous ses autres esclaves, dominés par son impo-
sante beauté, languissent à l'écart pour ses charmes,
dont une promesse nuptiale, et mieux encore son
libre choix, t'assurent la possession. N'hésite pas
à lui sacrifier tes heures précieuses ; que les jours
d'été, que les nuits d'hiver te voient prendre, tout
joyeux, tes ébats avec une telle compagne. Dans
une amoureuse étreinte, enlace sa taille de ton
bras ; puis incline ta joue sur son sein qui palpite,
d'un ardent baiser presse ses lèvres embaumées,
et, puisant dans ses regards un irrésistible amour,
fais-lui l'aveu de tes transports, qui n'ont pour
s'exprimer que les accents entrecoupés du bonheur ; redoublez vos étreintes, et que le gazon
fleuri reçoive vos deux corps, au moment où la
virilité est dans un joyeux émoi, où la flamme du
désir te fait haleter, en dépit des obstacles qui se
pressent en foule. L'Amour, dont les montagnes et
les mers ne peuvent arrêter la marche brûlante, se
fait un jeu d'une aussi facile victoire. Alors, quand
la vue de ce beau corps, dont tu étais bien loin,
malgré ton espoir, de soupçonner le délicieux
aspect, a porté à son paroxysme ton délire érotique,
n'hésite plus, découvre à ses yeux éblouis l'im-

posante nouveauté, approche sa main de ce nouvel
ami. Peut-être son pre-
mier mouvement sera-t-il

de l'aversion, son pre-
mier mot, un froid re-
proche; elle rougira,
mais son effroi ne sera pas sans charme et,
détournant la tête, elle jettera un regard furtif

sur le monstre tout dressé pour la joute ; tu
ne liras précisément, dans son œil curieux, ni
encouragement, ni défense. Il se peut aussi que,
quand tu tenteras d'aller ton chemin, on oppose,
en badinant, une timide résistance à tes pro-
grès ; garde-toi cependant de quitter ton poste
d'assaillant, et mets toute ton ardeur à pour-
suivre l'aimable lutte, jusqu'à ce que vaincue,
pâmée, l'ennemie soit bien près de se rendre.
Arrivé enfin aux abords du voluptueux séjour,
ne t'y précipite pas en aveugle, ménage les déli-
catesses féminines ; pour la douce enfant, pour
toi-même, sois prudent : crains que le sanglant
combat d'amour ne profane, par un déchirement
subit, de délicats mystères, et ne devienne pour
vous deux la source de cuisantes douleurs. Ne te
désole pas non plus si la porte du bonheur t'appa-
raît fermée, étroitement barricadée ; réjouis-toi
bien plutôt de ce gage d'innocence, de cet irré-
cusable indice de virginité. Songe à la fille
adroite qui, dans une heure maudite, a indigne-
ment entaché son honneur, a laissé sa rose se
flétrir ; elle n'a qu'un but, guérir de son mieux la
coupable blessure ; moins soucieuse de ce qui ne se
voit pas que des appas extérieurs, dont la déforma-
tion trahirait son infamie, la voici qui, d'une main

laborieuse, rassemble les simples du bois voisin. Au myrte amoureux elle emprunte ses baies astringentes, à l'aubépine hérissée ses fruits noirs ; en vain le câprier cache-t-il ses racines errantes : le puissant chêne lui-même, seul roi de la forêt, n'a si longtemps échappé à la hache du bûcheron que pour se voir dépouillé de son écorce rugueuse, et rester blême et nu. Ces plantes et un millier d'autres, plus humbles dans leur essor et moins renommées, l'aristoloche, l'oseille, et cette herbe vagabonde, le plantain, ont la propriété de resserrer les chairs ; on obtient, en faisant bouillir dans le vin leurs divers feuillages, une lotion puissamment efficace pour refermer la brèche suspecte. Tiens-toi sur tes gardes, car, à notre époque de corruption, de telles contrefaçons abondent ; il importe que tu apprennes à les connaître. Et d'abord, ne compte pas trouver ici les vestiges d'une plaie, qui de fait n'existe pas ; sache aussi qu'il n'y a, dans l'état de nature, qu'un passage étroit et lisse, et non pas des traces de rides à l'entrée des organes féminins : si ces organes s'offrent à toi sous les faux dehors de la vertu, ils ne tardent pas à se détendre et à quitter leur forme empruntée. Toutefois, juge charitablement l'œuvre variée de la Nature. Il se peut

que la douce et sanglante rosée ait laissé flexi-
bles et molles les parties qu'elle vient de baigner.
Mais malheur à celui qui, la nuit de ses noces,
voit s'ouvrir devant lui les hideuses profondeurs
d'un gouffre béant (semblable à celui que franchit
le Grec errant, le fils de Cythérée allant, hardi
plongeur, à la recherche des portes de diamant
de l'Enfer), — cet abîme stérile restera fermé à la
volupté, l'avortement y flétrira le germe humain,
incapable d'y trouver sa subsistance. Ce sont les
affreux effets de pratiques que l'amour de l'or ou
celui du plaisir ont rendues trop fréquentes (6).

Et maintenant, écoutez-moi, amoureux, pour
qui l'hymen n'a pas encore réprimé les égare-
ments des sens ; écoutez attentivement, et méditez
jour et nuit les sages conseils que la Muse céleste
verse avec bienveillance dans vos cœurs énamou-
rés, — la Muse, qui n'est pas le complaisant auxi-
liaire du vice, mais qui sait prendre un ton enjoué
quand elle parle à des jeunes gens, et donner de
l'agrément à ses préceptes. Daignez m'entendre
aussi, sages : ce n'est pas un faune impur, un
barde sans pudeur enrôlé dans la troupe du rubi-
cond Silène qui va chanter. — Ce que la Nature
ordonne est louable et raisonnable ; nous ne pé-
chons pas en nous y conformant. Oui, il nous

faut obéir ; au diable les stoïciens et leurs rêves
d'insensibilité, prétendue vertu qu'ils affichent
bien plus qu'ils ne la pratiquent : leur morne philosophie ne cache le plus souvent qu'une adroite
lubricité, ou bien une école de fausseté qui acca-
pare un cœur novice, le flétrit en lui montrant
un simulacre de l'amour, et prétend l'instruire en
le trahissant (7). C'est aussi le manteau dont se cou-
vrent l'orgueil, la haine, la hideuse vengeance, la
plus mortelle furie qui versât jamais son venin
dans le cœur de l'homme. Loin d'ici toutes ces
plaies de l'âme. Nous connaissons le grand pouvoir de la Nature, principe des choses, qui par-
tout, du centre de la terre aux bornes enflammées
du monde, étend son incommensurable empire.
Nous sentons sa puissance ; nous n'essayons pas
de réprimer, par de vains et monstrueux efforts,
son légitime développement. Que notre tâche soit
seulement de tenir en bride ses fougueuses extra-
vagances, d'émonder ses végétations parasites, et,
lorsque nous la verrons s'égarer en bonds désor-
donnés, de la ramener doucement, d'un main pru-
dente, à plus de dignité et de convenance.

L'éternel pouvoir de la Nature fait servir à de
sages desseins les appétits sensuels : leur vive
ardeur crée le principe vital, ils sont la source

même de la vie, qui serait sans eux paresseuse et
sans but. Éteignez cette flamme, mère des êtres,
et vous verrez bientôt ce populeux univers rouler
dans l'espace comme un corps privé de vie, et en-
combrer le firmament de sa masse inutile. Oui,
l'amour du plaisir règne en maître sur tous les
humains, nous ne pouvons pas plus lui échapper
qu'à nous-mêmes; sagement gouverné, il est irré-
prochable. Mais, quand il s'égare hors du droit
chemin, quand il mène follement à leur perte
l'État ou le citoyen, il est besoin, pour réprimer
ses écarts, de l'influence de la froide raison. Méditez cette leçon, couples amoureux. Livrez-vous
à la douce ivresse, à tous vos plus passionnés
désirs, baignez vos âmes dans l'amour. Mais que
la prudence préside à vos heures de bonheur, res-
tez vertueux au sein de la volupté; vous jouirez
ainsi d'une félicité sans mélange, vous aurez cueilli
la rose sans épines. Faites fi de ces précautions,
et prenez garde aux suites fâcheuses; craignez
que le plaisir ne se change en chagrin, en amers
remords; l'affection, en dégoût; vos vœux éphé-
mères, en objet de risée pour le sot, de pitié pour
le sage.

Amants, soyez discrets. Ne laissez pas l'espion
perfide épier ces doux regards, messagers obliques

de l'échange de vos pensées, habiles à enfermer
l'âme entière dans leurs traits enflammés ; que nul
n'entende vos soupirs étouffés. Mais surtout, quand

le désir à son
paroxysme vous
convie, impa-
tients, à de galants mystères, alors, oh ! alors fuyez
tout regard humain. Le sage roi d'Israël (qui donc
oserait blâmer ses amoureuses intrigues ?) ne se
cacha-t-il pas au sein des ténèbres, tout au fond de

ses jardins sombres, pour prendre ses ébats lascifs
avec sa belle épouse d'Égypte? Oui, trouve une
agréable, une obscure retraite, que n'aient jamais
foulée les pas de l'homme, où les ombrages, for-
mant d'épais berceaux, voilent le jour sous une
nuit profonde; et là, à l'abri de tout abord profane, accomplis les rites mystérieux de l'Amour.
Souvent l'œil investigateur de l'enfant, souvent
la mine malveillante, sèche et renfrognée de la
vieille fille ont empoisonné ces tendres sacrifices.
(8) Et toi, mon fils, à l'heure où plus d'une rasade
d'un vin généreux et la gaieté d'une réunion
d'amis ont amolli tes sens, où chacun divulgue ses
secrets, il en est au moins qu'il te faut savoir gar-
der, le nom de ta maîtresse, le franc abandon de
celle qui a mis sa confiance en toi; pour toi, pour
ton plaisir, elle risque fortune et réputation; que
lui donnes-tu donc en retour? Arrête, ingrat! trève
à ton infâme bavardage! Laisse au dernier des sots
et des lâches la vanité déshonorante, cruelle au-
tant que vile, qui fait parade des joies intimes; en
te glorifiant de ton bonheur, prends garde de ne
l'avoir pas mérité. Ne vois-tu pas que le trait va
blesser mortellement ce sexe faible et sans appui?
Et, si ton souffle empoisonné vient ternir le renom
de ma sœur, celui de ma fille, par le ciel, tu

mourras ! ton sang de félon peut seul laver la tache
faite à mon honneur. — Et vous, vierges vail-
lantes, soyez prudentes, et vengez votre sexe ou-
tragé ; ne permettez pas à l'impur séducteur d'ap-
procher de vos charmes sacrés. Que l'orgueil, la
hauteur, le dédain enflamment votre regard, fou-
droient l'insolent, si puissant qu'il soit, soufflettent
ce front qui a désappris à rougir. Ne vous fiez pas
à ses promesses, à ses soupirs étudiés, aux larmes
qu'il sait bien feindre, n'aidez pas au succès d'une
aussi notoire perfidie.

Cependant, mon fils, il se peut que la malice du
sort, l'aveu indiscret de tes amours, ou la bruyante
apparition de Lucine publient l'important secret :
que faire alors ? ta compagne est-elle bien élevée,
vertueuse, digne du lit nuptial, sauve-la — c'est ton
devoir — du funeste déshonneur, de la honte solitaire ; que les liens sacrés du mariage légitiment,
perpétuent ta passion. Si une naissance vile ou
infâme, un esprit vicieux ou grossier, lui interdi-
sent de porter si haut son ambition, mets-la au
moins à l'abri de la pauvreté ; songe que ton abandon l'avilirait davantage, et livrerait ta malheu-
reuse victime à la misère, la pire ennemie de la
vertu, de la réputation, de la vie même. Oh ! que
la douleur d'une mère, les plaintes de l'innocence

abusée, les larmes de la beauté flétrie, ne ternissent pas tes plaisirs coupables. Elle a été la charmeresse de tes jours, l'instrument de tes plaisirs ; aussi étroitement que peuvent s'unir les corps et les âmes, sa substance n'a cessé de se fondre amoureusement dans la tienne ; elle a jugé tes promesses sincères, ta passion mieux qu'égoïste, ton amour pour elle aussi vrai que le sien l'était pour toi ; et puis (cruelle perfidie !), quand la renommée se fatigue à publier son déshonneur, quand l'envieuse pruderie s'insurge, dans son mépris des joies de nature, quand les filles publiques l'insultent en la saluant du nom de sœur, et que tous ses amis se détournent avec dégoût, cessera-t-elle donc de trouver en toi un dévouement inébranlable ? Si, confiante comme naguère, elle se jette dans tes bras, son refuge bien connu, pour épancher ses chagrins, pour adoucir ses peines, devra-t-elle s'avouer que ce cœur sans foi a fui, loin du logis, loin d'elle ? A cette heure maudite, l'arracheras-tu rudement de ton amoureuse étreinte ? Ses charmes, autrefois fêtés, se flétriront-ils dans l'angoisse et la souffrance ? Languira-t-elle dans l'isolement, sans espoir d'union, traînant une vie déshonorée ? (9) Et si la fortune cruelle, ta digne rivale, s'obstine à lui refuser sa maigre subsistance (l'inflexible

orgueil, la rougissante pudeur qui l'accompagne,
ne finissent-ils pas par se courber sous le joug
de fer de la nécessité?), tu la verras, malhabile
aux pratiques de la Vénus mercenaire, grossir la
troupe folâtre qui, sans le prurit de la luxure, le
cœur gros sous une gaîté d'emprunt, accoste de
nuit les chalands dans les carrefours de la cité ;
souvent repoussées, ces malheureuses, souvent invi-
tées à de stériles fatigues, puis quittées, sans un
remerciement, par leur lubrique galant, ou bien
obligées de se soumettre à d'impudiques ébats et
de sentir, avec dégoût, un feu lascif et grossier se
répandre dans leurs membres glacés; exposées à
tout instant aux furieux caprices des infâmes rô-
deurs de nuit, au mal qui répand la terreur, à l'im-
placable rigueur du magistrat (10). Pitié, puissant
arbitre de la loi! épargne une race infortunée que
ton propre sexe a livrée à ce misérable état. Une
femme te porta dans son sein; par tous les doux
noms de la femme, sois clément! As-tu une fille
jolie, une sœur? Songe qu'une plus heureuse naissance, le bienfait de la fortune, et l'honneur tuté-
laire, et l'orgueil de bonne heure inspiré, les ont
seuls empêchées de grossir l'impur courant. Et
celle qu'épouvante aujourd'hui ton nom redoutable
et qui frémit, de si loin qu'elle l'entende, si la

fortune lui eût souri, si elle eût eu de bons exemples sous les yeux, aurait peut-être embelli ta couche, compagne vertueuse et parée de tous les charmes !

Il me faut à présent parler d'un pieux devoir, trop souvent négligé. Si du lit où se cache ta luxure furtive, sortent un jour des enfants que tu n'as point désirés, qu'ils soient les bien reçus, les bienvenus en ce monde. La Nature le commande. Écoute les ordres qu'elle te prescrit ; que les cavernes où s'engendrent les monstres, les solitudes dévastées de l'air, les déserts pleins de hurlements, t'enseignent la tendresse paternelle. L'ours rugissant sera-t-il plus que toi digne du nom de père ? Tu as été jadis un faible, un misérable enfant ; sans les soins paternels, tu n'aurais pas vécu pour perpétuer une race que tu abandonnes aujourd'hui ; tu veux confier à la destinée, cette marâtre, une postérité qui vaut mieux peut-être que celle que ton père a si tendrement élevée. Rien d'étonnant à ce que les baisers savourés en cachette, qu'une longue habitude n'a pas émoussés, mais où le chaud désir a versé sa généreuse ivresse, enfantent une race plus noble, plus robuste, plus ardente (11). Que de héros ont eu une telle origine ! que de chefs illustres ! et autrefois, que de demi-dieux ! d'amoureux larcins ont

donné Hercule à la Grèce, et c'est un bâtard de
Mars qui le premier gouverna la puissante Rome.
Ces rameaux puissants, ces rejetons de ta vigueur

Galant apéritif.

que tu as négligemment semés de
par le monde, observe-les à l'heure
du danger : leur sagesse dans les
conseils, leur noble zèle pour le bien public sau-
veront peut-être l'État qui chancelle ; ou bien,
hardis à la guerre, ils brandiront les foudres qui

ébranlent au loin les cieux, et, dans l'ardeur de leur sang qui se réveille, mèneront le lion anglais sur les champs de bataille. Ton pays réclame ton appui ; réponds à ses espérances, comble en même temps les tiennes (12). Et surtout, que le pur sang de tes enfants ne serve pas à rassasier les loups affamés de l'Église, les inspecteurs patentés (rassasier ! j'oublie que de tels larrons sont insatiables). Cette bande de fripons, vraie peste de la société, est douée d'un flair merveilleux ; leur odorat les conduit droit à la maison où un accouchement vient de s'accomplir en secret, leur promettant une douce proie ; guidés par les vagissements aigus et plaintifs du nouveau-né, les voici devant la porte, tout frémit à leur approche. Ah ! de grâce, arrête-les à temps, ou tu pleureras trop tard ton or ravi et ton fils captif ; ton fils, livré à cette populace de mendiants qui détroussent les passants et qui feront de lui le vivant simulacre de leur détresse ; et alors qui peut savoir l'avenir de peines qui s'ouvrira devant lui ? à quelles infamies, avec le gibet en perspective, il sera voué ? Peut-être aussi une nourrice méchante, impitoyable, viendra l'arracher des bras de son père, et le confinera dans un infect taudis, vrai antre de la famine, où il s'éteindra à petit feu ; ou bien, opprimé par une sorcière plus

hideuse que celles qui chevauchent la nuit du Sabbat, il succombera prématurément sous l'excès de
la misère. Eux cependant, les suppôts du vol auto-
risé, s'abritent derrière l'autel du Dieu de lumière
et le souillent de leurs mains criminelles ; vrais
carnassiers, ils dévorent en orgies nocturnes ce qui
devait servir à l'entretien de ton fils ; pour eux, la
génisse tend son flanc au couteau ou parcourt en
tous sens la forêt sauvage, cherchant ses petits
égorgés ; les misérables ! ces doux ruisseaux de
lait où ton enfant devait puiser la vie se changent,
sur leur table, en porto noirâtre, en capiteux ma-
dère. C'est ainsi qu'ils couronnent leurs fêtes infâmes, ils ne craignent pas que le sang de leurs vic-
times crie vengeance contre eux.

La sage observance de ces préceptes va te servir
à diriger tes pas dans le labyrinthe du plaisir. Sans
faire de mal, sans en recevoir, tu as désormais le
guide le plus sûr pour marcher dans ces sentiers qui
te préparaient des joies décevantes. Les chagrins ne
te blesseront pas, les soucis plus amers ne trou-
bleront pas ton bonheur, des larmes de remords
ne suivront pas les joyeuses voluptés ; les seuls
soupirs que tu pousseras seront ceux qui soulèvent
un cœur trop plein de plaisir, qui sont le langage
de l'amour, si habile à faire entendre son éloquence

muette, qui soufflent d'âme à âme cette aimable
contagion dont il est si doux de se sentir atteint.
(13) Tout-puissant amour! source inépuisable de
l'universelle allégresse! Premier principe de la Nature qui crée tous les êtres! Harmonie qui préside
aux majestueuses évolutions du monde! Souverain
indulgent de tous les éléments! toi, dont l'irrésistible pouvoir se fait sentir dans les solitudes de
l'air, sur la terre, dans le sombre empire de la
mer! Nous nous avouons tes esclaves; nous cé-
dons à ton aimable ascendant, qui domine surtout
en nous humains et que le sentiment élève bien
au-dessus de l'attouchement purement sensuel de
la brute. Par ton doux charme le cœur farouche
est apprivoisé, le génie grandit encore. Ta chaleur
céleste inspire ce qui est noble, généreux, chari-
table ou gracieux, et aussi ce qui orne l'esprit,
embellit ou adoucit la vie; sans toi rien de gai,
rien de souriant ne se montre.

Et pourtant, cet amour qui polit l'âme, ce
grand charmeur, joie souveraine de tout cœur
bien placé, cet amour seul, ne lui livrez pas toutes
vos heures, dans un mol abandon. Les mêmes
friandises, toujours offertes, ne tardent pas à
émousser l'appétit, surtout les plus délicieuses.
D'autres objets, d'autres divertissements ont les

mêmes droits à votre culte; ce sont d'agréables
diversions qui viendront remplir vos jours doucement variés : après elles, vous aurez des sens plus
éveillés et des muscles plus forts pour retourner
à l'amour, s'il vous invite de nouveau. Attachez-
vous de préférence à ces distractions qui dévelop-
pent dans vos âmes la vertu, le jugement et la
grâce; qui font valoir, qui rehaussent ce qui n'était
qu'aimable, et prêtent à l'amour un charme nouveau, une dignité nouvelle. La vie n'a-t-elle pas
de sérieux soucis qu'il est fou, qu'il est défendu
de mépriser, sous peine de voir s'évaporer le bonheur? — Et puis l'âge viendra, chute lamentable!
et ses glaces figeront l'amour, la fleur des joies
humaines. Malheureux ! trois fois malheureux
alors celui qui a mis tout son plaisir à aimer, dont
les désirs renaissent, toujours tumultueux, et font
de vains efforts pour soulever le fardeau de ses
membres hors d'état d'y répondre. L'impitoyable
et avide aiguillon de l'impuissance le convie à de
plus ridicules ébats que n'en rêva jamais la folie,
que n'en put juger vraisemblables la crédulité si
facile à leurrer. Toutes les nymphes le dédai-
gnent, et les jeunes amours le lorgnent ironique-
ment ; la chaude vigueur a fui son corps chance-
lant, il n'est plus vert... qu'en imagination. Alors,

que d'inutiles fatigues, de coups de fouet, de volées acharnées, pour réveiller Vénus qui sommeille dans ses veines (14)! Soins superflus! Vénus prodigue ses plus aimables sourires sans qu'on l'en prie, elle déteste tout pénible sacrifice. Arrêtez-vous, vénérables patriarches! renoncez à ces juvéniles prouesses, avant que des transports piteusement ébauchés ne trahissent l'énervement de vos sens. Les années au front chenu, mûres pour la sagesse, pour la contemplation, pour une calme philosophie, sont peu propres à l'amour. Retirez-vous de bonne grâce, et n'allez pas, vous érigeant en moroses donneurs d'avis, envier, avec une moue dédaigneuse, les brillants ébats d'une robuste adolescence. Vous avez eu vos folles heures de plaisir; les nôtres s'envolent à tire d'ailes.

Et vous, jeunes gens, dont le sang coule impétueux, mêlant d'ardents bouillonnements à sa douce limpidité, ménagez bien votre vigueur, si la santé, une nombreuse, belle et forte lignée, ou le simple plaisir, sont de quelque poids à vos yeux. Songez qu'en prodiguant les baisers, on s'expose au ramollissement des organes, à la déperdition des forces vitales, au dégoût et à l'apathie mutuelle, vrai poison de l'amour. Il en est, je le sais, qui se flattent de renouveler leur vigueur et d'aviver leurs désirs par des mets excitants, ou des médicaments, plus pernicieux encore (15). C'est ainsi que l'*Orchis,* bulbe immonde, le *Satyrion,* mieux nommé, et cette herbe marine que la reine des mers nourrit de son écume native, le suave *Panicot,* le *Boletus,* champignon fameux, et les *Cantharides* sont emp'oyés sous diverses formes. Mais le résultat? plus de maladies que le vent austral n'en traîna jamais sous ses lourdes ailes. Les frissons fiévreux, les tremblements, les spasmes, d'horribles douleurs de tête, le flux non interrompu de la bienfaisante rosée naturelle, la décrépitude, et la consomption décharnée où s'abîme tristement la raison, divin apanage de l'homme, et les accès de cette hideuse lèpre qui s'exaspère en sa prison, et réunit tous ses brûlants aiguillons pour s'attaquer aux parties vitales. Ou bien, si les adeptes fourbus de la luxure échappent à ces fléaux, ils gaspillent, laissent fondre leur jeunesse, et ils ont des cheveux gris avant le temps, des cheveux gris et une vie oisive. Laissez la Nature à elle-même, ne convoitez que ce que donne la Nature : elle met tout appétit bien ordonné sur la voie de ses vrais besoins.

A vous surtout, belle Nymphe, il importe de

savoir que l'amour et la joie dans leur fleur sont plus exposés que jamais à la ruine, chute fatale de tout ce qui est créé. Modérez-vous alors ; le baiser qu'on laisse prendre en rougissant est celui qui charme le plus, qui donne le plus vrai bonheur. On est choqué d'une victoire qui coûte trop peu ; espère-t-on boire la volupté vraie sur les lèvres d'une prostituée, si belle qu'elle paraisse, si bien formée pour l'amour et les galants exploits? Salut, pudeur! honneur, parure de la femme, salut! Tu es le plus bel ornement, l'essence même de la beauté! Car la beauté ne peut se séparer de la vertu, et tu es la vertu! Dénuée de ton charme, la beauté est effrontée, et l'esprit impie. Tu donnes au sourire sa grâce, au baiser spiritualisé sa senteur exquise et suave. Sans toi, le lit conjugal lui-même serait souillé par d'impudiques attentats, de lubriques dérèglements, il n'abriterait que des sacrifices obscènes. Vierge céleste, permets à mes lèvres profanes de prononcer ton nom, à ma muse folâtre de chanter tes louanges (16)!

Mais, en ces jours vicieux, les grandes lois de la Nature sont foulées aux pieds ; on raille, on méprise l'éternelle vertu, que le temps et le lieu, que la coutume, en ses perpétuels changements, ont

laissée immuable : à sa place, l'infâme sodomie (17),
éclose dans les ténèbres, répand sur la moitié du
monde ses orgies sans nom, ses rites qui font pâlir
la pureté sereine de l'astre du jour. J'ai honte de
rapporter ces faits monstrueux : les hommes s'ac-
couplent entre eux, ou, dans leur union avec les
femmes, quittant le grand chemin de la Nature,
ils se dégradent par des actes indécents et de sales
impudicités. Fi donc, Anglais ! Redevenez des
hommes et des femmes. Bannissez ce vice de provenance étrangère ; il ne pousse pas sur ce sol, il
y meurt, faute de zélateurs ; dans ce climat si
chaste, une culture forcée peut seule favoriser
son développement. Cette culture artificielle aug-
mente votre infamie, aggrave votre crime. Prenez
garde que l'excès de la faute n'amène l'excès de
la punition, que le châtiment ne s'abatte plus lour-
dement sur vos têtes ; ne pensez pas qu'il sera plus
léger parce qu'il se sera fait attendre. La Justice
épargna-t-elle jadis les habitants de Sodome ?
Comme nous ils péchèrent, comme nous ils sui-
virent les sentiers détournés, à la recherche des
voluptés contre nature, mais le Ciel, en son infinie
patience, s'émut enfin de colère, et, s'inclinant
vers le sol, il les engloutit dans un ouragan de
soufre : où s'étalaient d'orgueilleux palais, re-

paires de la luxure, dort aujourd'hui un lugubre marécage : c'est le souvenir vengeur du tout-puissant courroux déchaîné contre les enfants du Vice!

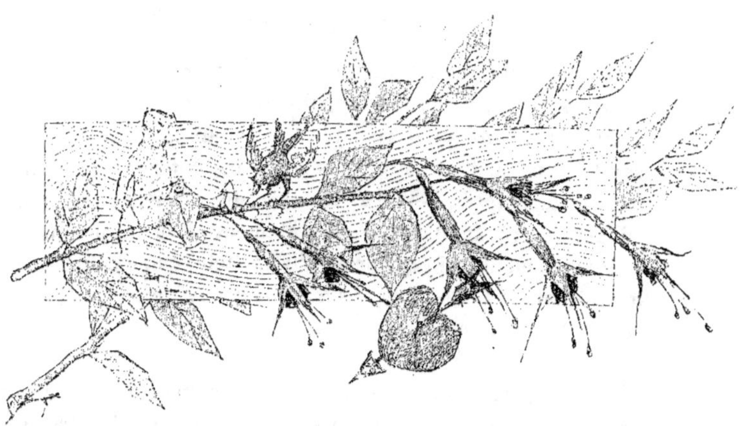

NOTES CRITIQUES

Note 1, vers 41 et suivants. — Quelle façon tout aimable et gracieuse de décrire ces rêves lascifs dont parle Horace, dans le voyage à Brindes :

> .....immundo somnia visu
> Nocturnam vestem maculant, ventremque supinum.

Note 2, vers 104 et suivants. — Nous touchons ici à l'une des plaies des cloîtres, couvents et séminaires. Ce vice prête peu à rire ; aussi Rabelais, Béroalde de Verville, Henri Estienne en son *Apologie pour Hérodote*, qui se gaussent si volontiers des fredaines des moines, n'en parlent-ils que rarement. Voici le témoignage d'un écrivain du XVIᵉ siècle : *Sileo turpes illas, et ne nominandas quidem monachorum mastuprationes* (Mercurialis, *caput de Pria-*

5

pismo). L'Église était pourtant sévère contre ceux que saint Paul (Corinth., v, vers. 9) appelle *molles* : Gerson, dans son *Traité de la confession*, réclame contre eux la peine du feu; saint Bernard, en l'un de ses sermons, condamne à l'exil les *mastupratores*. — Au rapport de plusieurs auteurs, Diogène le Cynique étalait effrontément ce vice; laissons-le répondre, en ce latin qui brave l'honnêteté, à une courtisane qui voulait le tenter : *manus hymenæum celebrando te prævenit*. Depuis nous avons eu *Charlot s'amuse*.

Note 3, vers 122. — On sait que les maisons de bains avaient, dans les deux derniers siècles, une singulière réputation; tout établissement de ce genre était, à la fois, un lieu de rendez-vous secret pour les entreprises ténébreuses (V. *La Maison du Baigneur*, d'A. Maquet) — et ce que Léon Cladel appelle le mot à six lettres. Aujourd'hui, il ne s'y trame plus d'intrigues politiques; et, quoi que m'aient raconté des voyageurs venant de Suisse et de Hongrie, on y fait moins de sacrifices à Vénus que dans les fiacres et arrière-boutiques de ganterie.

Tout ce passage a été rendu avec assez de bonheur par l'imitateur... sans le vouloir de 1820.

> Ne fréquente jamais ces odieux repaires
> De débauche publique où, du crime connus,
> Se célèbrent de nuit les rites de Vénus...
> Là ta bourse, l'anneau, la pierre étincelante
> Présentant du Pérou la dépouille brillante,
> Cette heureuse machine où l'aiguille décrit
> Le cours marqué du temps, et que l'art enrichit.
> Te seront dérobés : un homme dans sa rage,
> Pour arracher ton or par un cruel outrage,
> A son aspect soudain troublant d'indignes feux,
> Te ravira l'objet de tes plaisirs honteux.

Note 4, vers 135. — J'ai emprunté à Glatigny le titre

d'une de ses plus belles poésies pour traduire l'anglais
« dark profound ». On voit, dans les vers qui suivent, que
l'alphonsisme est une maladie vieille comme le monde; la
casquette à trois ponts a remplacé le tricorne, voilà tout.
L'extraordinaire licence du théâtre anglais de l'époque
d'Armstrong permettait aux souteneurs de s'afficher en public : le capitaine Peachum, principal personnage de l'*Opéra
du Gueux* (*Beggar 's Opéra*), tient à ne nous laisser aucun
doute sur ses moyens d'existence. En France, le « Chevalier
à la mode » de Dancourt y met un peu plus de formes.

Note 5, vers 165. — Qu'était-ce que ce Taliacotius?
Sans doute un célèbre chirurgien du temps; je n'ai pas de
détails sur ce précurseur de Ricord, qui pratiquait de si
bizarres substitutions. Mais il n'y a pas là une fiction poé-
tique, car une anecdote analogue aux faits rapportés par
Armstrong se lit dans le *Mediciniana*, recueil d'anecdotes
médico-chirurgico-*pharmacopoles* (*A Epidaure, au Temple
d'Esculape, l'an d'Hippocrate*) [Lille, 1814]. L'anecdote, sous
la rubrique « *Nez* », commence ainsi : Un homme de
Bruxelles s'était fait faire un nez artificiel par l'opération
de *Taliacot...* — En cet endroit, j'ai adouci un mot du texte,
écrivant *parties charnues*, pour l'anglais *breech*, qui signifie
brutalement *fesses*.

Note 6, vers 195 et suivants. — Tout ce passage est délicieusement érotique, et ne serait désavoué par aucun des
maitres du genre. Il paraît qu'on était habile, au xviii⁰ siècle, à refaire une virginité; c'est du moins ce qu'affirme le
grave Montesquieu en l'une de ses plus folâtres *lettres per-
sanes :* il fallait être, comme Armstrong, observateur et médecin pour éventer la mèche. Sommes-nous aujourd'hui moins
crédules et plus avisés?.. pas toujours, si j'en crois le char-

mant auteur du *Bric à Brac de l'Amour*, M. Octave Uzanne :
« Il y a », dit cet observateur parisien, « des virginités qui se
réparent comme les cerceaux du cirque ; tous les soirs on
les crève, pour les refaire et les recrever le lendemain ».
Mais comment s'assurer qu'une fille est pucelle ? c'est là une
question qu'aimaient à se poser nos ancêtres malins et
gaulois ; on peut lire là-dessus un bien joli conte de Béroalde
de Verville. Il était fort aisé de s'y tromper, nous dit un
grave savant en *us* (Lud. Boncialus, *De mulieb. nat.*, lib. II,
cap. 2) : *Naturalem illam uteri labiorum constrictionem,
in qua virginitatem consistere volunt, astringentibus medicinis
fieri posse vindico, et, si defloratæ sint, astutæ mulieres nos
fallunt in his.* — La *Célestine*, célèbre proxénète, héroïne
du plus ancien drame espagnol, se vantait d'avoir fait cinq
mille vierges femmes, et, son art aidant, cinq mille femmes
vierges. Et déjà dans l'antiquité, le rhéteur grec Aristenète
(lettre VI) nous représente une vieille entremetteuse disant
à une jeune fille qui pleure sa virginité perdue : « Ne crains
rien, ma fille, je t'enseignerai un moyen d'y remédier. » Ils
sont nombreux les ignorants de la *fraude et du dol de Vénus*
(comme dit un vieux médecin de Strasbourg, dissertant
de virginitatis notis), ces naïfs enfonceurs de portes ou-
vertes !

Note 7, vers 265. — On dirait qu'Armstrong traduit ici saint
Jérôme, parlant, en l'une de ses lettres, des faux dévots de
son temps : *Latet plerumque sub tristi amictu lascivia, et de-
formis horror vili veste tegitur.* Cardan parle aussi de ces
cafards qui hantent tout le jour les églises, et couchent le
soir avec une prostituée.

Note 8, vers 330. — Le vin délie les langues ; que de
secrets divulgués après un bon repas ! On connaît cette

jolie ode d'Horace : des jeunes gens soupent joyeusement ;
les vins de Chio et de Falerne circulent, échauffant les
têtes ; chacun dit le nom, chante les louanges de sa maîtresse ; un seul, le plus jeune, reste silencieux : « Et toi,
beau ténébreux ! comment se nomme celle qui te tient sous
sa loi ? — Je n'ose le dire. — Souffle-le-moi à l'oreille, tu
sais ma discrétion. — Eh bien ! elle s'appelle... — Ah !
malheureux, dans quel piège es-tu tombé ! » N'est-ce pas
là une histoire d'hier, un chapitre de la vie parisienne ?

Note 9, vers 387 et suivants. — Ces vers peignent bien
la prostitution anglaise dans ce qu'elle a de hideux et de
sinistre ; je trouve à cet égard des détails curieux dans un
écrit anonyme (*L'Angleterre en miniature*) publié en 1803 :
« On ne peut, sans frémir, parler de l'incontinence anglaise. Celle des femmes de plaisir est sombre, triste et
mélancolique. On la voit dans toute sa laideur. C'est la plus
horrible prostitution de l'Europe. Tout y est insipide, jusqu'à la jouissance. Cela vient de ce que les Anglaises, natu-
rellement modestes, passent tout d'un coup d'une extré-
mité à l'autre. Elles ne mettent presque pas d'intervalle
entre la sagesse et la dissolution. La pièce de la volupté
commence par la débauche... » Et plus loin : « Les Anglais
n'ont point le loisir d'être polis avec les femmes ; ils n'ont
que le temps de satisfaire ce désir brutal, attaché à l'état
physique de la machine. Pour cette sorte de volupté, les
femmes de plaisir n'ont pas besoin d'agréments. L'esprit
n'a rien à faire dans cette corruption. Le corps seul con-
somme le forfait. »

Note 10, vers 401. — Il y avait donc, à cette époque,
une police des mœurs en Angleterre ; on sait qu'elle n'existe
pas aujourd'hui. La prostitution est libre à Londres ; d'après

les statistiques, on n'y compte pas moins de 200,000 prê-
tresses de Vénus. Les révélations récentes de la *Pall Mall
Gazette* ne sont pas pour étonner ceux qui ont hanté, de
nuit, les rues anglaises.

Note 11, vers 430. — Je ne suis pas surpris de trouver
dans notre poème un éloge de la bâtardise ; c'était autrefois le thème favori des écrivains anglais. Les héros
des romans de Fielding et de Smollett, Tom Jones en
tête, sont des enfants de l'amour et du hasard, et s'en
font gloire ; et Shakespeare a placé dans la bouche d'un
de ses personnages, Edmond du *Roi Lear*, un morceau
superbe qui pourrait s'appeler l'hymne des bâtards :
« Nature, thou art my goddess » ; cet Edmond est fils du
duc de Gloucester, qui le préfère ouvertement à ses enfants
légitimes, et en parle tout attendri : « Il m'a bien un peu
gêné quelquefois, mais c'est un brave jeune homme, et
puis j'ai eu tant de plaisir à le faire. » — Après tout, comme
dit la bonne douairière du *Monde où l'on s'ennuie*, « est-ce
que tous les enfants ne sont pas naturels? »

Note 12, vers 442-470. — Voici un sombre tableau,
un portrait peu flatté des gens d'église ; on le voit,
Armstrong n'est pas beaucoup plus indulgent pour ses
coréligionnaires que pour les moines. C'était certai-
nement un esprit libéral, peu ami de la gent cléricale,
qu'elle porte soutane ou lévite. Ces onctueux personnages, Tartufes protestants, bourreaux de l'enfance, ont
été stigmatisés par Dickens, le vengeur des faibles et des
opprimés ; on se souvient du bedeau qui martyrise Olivier
Twist.

Note 13, vers 482. — Il y a ici un ressouvenir évident

de la sublime invocation à Vénus qui ouvre le poème de Lucrèce; ce sont presque les mêmes expressions.

Note 14, vers 527. — La flagellation a toujours été réputée comme un stimulant de la lubricité paresseuse des vieillards; on peut s'en assurer en lisant Pétrone et même l'*Examen de Flora*. Voir surtout le petit traité souvent réimprimé de Meibomius : « De l'utilité de la flagellation dans les plaisirs de l'amour. » (*De flagrorum usu in re venereá*.)

Note 15, vers 550 et suivants. — Faut-il croire aux vertus aphrodisiaques de certaines plantes? Non, répond la science moderne. Les anciens n'étaient pas de cet avis. Pline (*Hist. Nat.*, liv. XXI et XXV) cite une quantité d'herbes qui portent à l'amour : « *Saturnium et eruca penem erigunt* », dit Galien; en son curieux traité *de l'Amour conjugal*, Venette est encore plus explicite. Quant aux maladies qui frappent les desservants trop assidus de Vénus, elles sont, en effet, nombreuses et variées ; un proverbe latin disait : *immodicis brevis est ætas et rara senectus*. Voir sur ce point plus de quinze auteurs cités par Schurigius, *Spermatologia* (1720), p. 249-50.

Note 16, vers 578. — On est quelque peu étonné d'entendre Armstrong, après avoir régalé ses lecteurs de détails croustillants, faire ce pompeux éloge de la pudeur, chanter la palinodie; on dirait qu'il veut se faire pardonner ses hardiesses, qu'il regretterait sans doute de n'avoir pas commises.

Note 17, vers 589. — Personne ne blâmera la vertueuse indignation d'Armstrong contre un vice qu'il appelle avec raison « de provenance étrangère ». On sait que le crime contre nature, dont Pétrone a écrit le code en des pages attrayantes comme une guirlande de roses empoisonnées, pour lequel Horace et Virgile lui-même trouvèrent des accents et Cicéron des madrigaux, ne s'introduisit qu'assez tard chez les modernes. Rome, qui s'y adonna follement (voir saint Paul, *Rom.*, I, 27 et la *Médecine et les mœurs de l'ancienne Rome*, par le Dr Dupouy), le transmit aux Asiatiques et aux Turcs. Nous en trouvons la première trace en Europe, depuis les invasions des Barbares, sous la Renaissance italienne, trop fidèle imitatrice de l'antiquité; il se répandit rapidement en Italie, et devint le péché mignon des moines, des cardinaux et des clercs. Nous lisons dans Henri Estienne (*Apologie pour Hérodote*, livre I, chap. xiii) un fait incroyable, confirmé par un grand nombre de ses contemporains : « Ceci ne se doit taire, que Jean de la Case, Florentin, *archevesque de Benevent*, a composé un livre en rythme italien, où il dit mille louanges de ce péché, auquel les vrais chrétiens ne peuvent seulement penser sans horreur, et entre autres choses l'appelle œuvre divin; ce livre a été imprimé à Venise chez un nommé Trojan Nanus. » D'Italie la sodomie passa en France; le lieutenant-criminel Maillard, celui qui pendait l'intègre Semblançay au gibet de Montfaucon, en était infecté. On sait les turpitudes de la cour des Valois (Henri III, et *cet habit monstrueux pareil à son amour*), si éloquemment flétries par Agrippa d'Aubigné et les hardis pamphlétaires huguenots (V. *Les Tragiques*, *l'Isle des Hermaphrodites*, etc.). J'ignore à quelle époque le mal, auquel Montesquieu consacrait un chapitre de *l'Esprit des lois*, prit racine en Angleterre; ce fut sans doute dès le temps d'Elisabeth; toujours est-il qu'il s'y implanta tout à fait dans le cours du xviiie siècle; de

nombreux témoignages, outre celui d'Armstrong, en font
foi : le plus célèbre roman de Smollett, *Roderick Ran-
dom*, nous montre un capitaine de navire, qui, tout comme
Henri III, a attaché un mignon à sa personne; dans une
très jolie nouvelle, réimprimée en 1880 chez Jouaust, « Le
faux chevalier de Warwick », un jeune homme est, de
la part d'une femme travestie en cavalier anglais, l'objet
d'avances et de caresses que la nationalité de son compa-
gnon lui rend aisément intelligibles.

Aujourd'hui on n'oserait raconter de telles infamies;
j'aime à croire, malgré de certains échos, qu'on n'oserait
pas plus les commettre..., dans notre chaste Europe. Quant
aux Orientaux, ils continuent, paraît-il, à ne pas s'en priver.
On n'ignore pas à quelle aune le bey actuel de Tunis jauge
ses favoris : lors du voyage de Mustapha à Paris, M. Roche-
fort prenait soin, chaque jour, de nous édifier à cet égard.
Ce bey, dont les journaux illustrés ont popularisé la bien
noble tête de vieillard, est le héros de la jolie anecdote
suivante, que m'a contée un diplomate qui connaît son
Orient mieux que pas un. Le bey avait eu occasion d'exprimer ses sympathies... socratiques devant l'amiral X***, qui
n'avait pu réprimer un mouvement de dégoût; quelques
jours après, il était reçu en grande pompe par l'amiral à
son bord, entouré de tout son état-major et ayant près de
lui ses plus jeunes officiers, aspirants et enseignes; alors
le bey, avec un bienveillant sourire où perçait une pointe
d'ironie : « Eh bien! mon gaillard, je savais bien que vous
y viendriez », dit-il à l'amiral. Il faut être indulgent pour
ces gens-là ; la complète absence de sens moral leur fait
ingénument étaler leurs turpitudes; ils se sauvent de l'odieux
par la candeur de leur dépravation.

Que n'écrirait-on pas sur le vice que flétrissait déjà, chez
les Romains, la loi *Scatinia*? Le lecteur curieux s'instruira

compendieusement dans les leçons du Dr Martineau, médecin de l'hôpital de Lourcine (deux éditions, 1885 et 1886), qui a défriché avec patience ce champ fertile d'*études pathologiques, morales et sociologiques.*

6225-86. — CORBEIL, typ. et stér. CRÉTÉ.